Heinrich von Sybel

Die deutschen Universitäten

Heinrich von Sybel

Die deutschen Universitäten

ISBN/EAN: 9783743610064

Hergestellt in Europa, USA, Kanada, Australien, Japan

Cover: Foto ©Andreas Hilbeck / pixelio.de

Manufactured and distributed by brebook publishing software
(www.brebook.com)

Heinrich von Sybel

Die deutschen Universitäten

Die

deutschen Universitäten,

ihre Leistungen und Bedürfnisse.

Von

Heinrich von Sybel.

Zugleich als zweite verbesserte und vermehrte Auflage der Schrift
„Die deutschen und die auswärtigen Universitäten".

Bonn,
Verlag von Max Cohen & Sohn.
1874.

Zwei akademische Reden,

gehalten 1868 u. 1874 in der Aula der Rheinischen
Friedrich-Wilhelms-Universität.

Die deutschen und die auswärtigen Universitäten.

1868.

Die deutschen Universitäten genießen zur Zeit
eines hohen und nicht unbegründeten Ansehens in
Europa. Während bei uns über die leitenden Grundsätze des höheren Unterrichtswesens kaum noch ein
Streit ist und einzelne Differenzen höchstens durch
die Frage veranlaßt werden, ob ohne Schaden des
Fundamentes einzelne eigentlich fremde, aber an sich
nützliche Nebenzwecke mit erreicht werden können:
sehen wir bei unsern großen Nachbarvölkern die bestehenden Universitätseinrichtungen von Grund aus
in Frage gestellt, umfassende Reformen beantragt,
fort und fort die deutschen Hochschulen als treffliches
Muster in das Auge gefaßt. Es ist kein Zweifel,
sagt das englische Parlamentsglied Grant = Duff,
einer der besten Kenner des Unterrichtswesens in
ganz Europa, daß die deutschen Universitäten, trotz
aller ihrer Fehler, in jedem Theile realer Wirksamkeit allen ähnlichen Instituten weit voraus sind.

Eine kleine deutsche Universität, bemerkt einer der berühmtesten Pariser Gelehrten, E. Rénan, mit ihren linkischen Professoren und hungernden Privatdocenten, leistet für die Wissenschaft mehr als alle prunkenden Reichthümer Oxfords. Ein solches Lob kann nicht anders als unserem Nationalgefühle in hohem Grade schmeichelhaft sein, wird dann aber dem rechten Patrioten vor Allem ein Antrieb zur ernstesten Selbstprüfung werden, zu der Frage, ob wir wirklich die Höhe einnehmen, welche jene freundlichen Stimmen uns beilegen, ob unser eigenes Thun eine Fortsetzung dieses glücklichen Zustandes verheißt, ob nicht auch wir von den Fremden eben so viel zu lernen haben, wie in anderer Richtung diese von uns. Die moderne Zeit bringt auf allen Gebieten des öffentlichen Lebens große Ausgleichungen zwischen den Nationen zum Vorschein. Wäre es nicht denkbar, daß ähnliche Erscheinungen sich auch in Bezug auf die Universitäten wiederholten?

Betrachtet man den bisherigen Zustand, so sind es in der That völlig verschiedene Dinge, die man in Deutschland und England mit dem gleichen Namen der Universitäten bezeichnet und in Frankreich zum Theil unter andern Benennungen zu gleichem Zwecke, zur Ertheilung des höchsten wissenschaftlichen Unterrichts, geschaffen hat. In Frankreich gibt es zunächst keine Anstalt des höhern Unterrichts mehr, welche wie unfere Univerfitäten alle Lehrfächer in ihrem Umkreife verfammelte. Es gibt Rechtsfchulen, medicinifche Schulen, Facultäten der Theologie, Facultäten der fchönen Wiffenfchaften; es gibt Anftalten, wie das Collège de France, welches eine Gruppe verfchiedener Disciplinen in feinen Hallen vereinigt. Die Lehrmethode und die Ziele des Unterrichts find in diefen verfchiedenen Schulen höchft verfchieden. Einige, wie die Ecole des chartes, würden wir unfern Seminarien vergleichen: andere beabfichtigen nichts Anderes, als möglichft rafche und brauchbare Dreffur ihrer Schüler für irgend einen praktifchen Beruf. An den äußern Zufchnitt unferer Univerfitäten werden wir am Meiften bei den großen Anftalten des Collège de France oder der Sorbonne erinnert: aber allerdings zeigt die erfte eingehende Betrachtung, daß wir auch dort uns in einer völlig andern Welt befinden. E. Rénan fchildert den Zuftand höchft anfchaulich. Der Parifer Profeffor öffnet feinen Hörfaal ohne Honorar dem gefammten Publicum. Er weiß nicht, wie viele lernbegierige Schüler, wie viele überlegene Kritiker, wie viele ergötzungsbedürftige Müßiggänger er unter feinen Zuhörern hat. Er weiß nicht, ob morgen noch ein Einziger des heutigen Auditoriums auf feinen Bänken fich wiederfinden, ob er nicht morgen zu einer völlig neuen, völlig unvorbereiteten Verfammlung reden wird. So muß jeder einzelne Vortrag ein in sich geschlossenes Ganze und in seiner Form so durchgearbeitet und so vorwiegend auf den rhetorischen Effect gestaltet sein, wie es der empfindliche Gaumen eines höchst gebildeten und verwöhnten Publicums fordert. Wird diese Kunst von einem genialen Gelehrten geübt, der auch über tiefes und methodisches Wissen verfügt, so ergeben sich daraus virtuose Leistungen, denen kein Land Europas etwas Aehnliches an die Seite setzen kann, Vorträge, die zu den höchsten Meisterwerken zählen, wie sie weder das deutsche noch das englische Unterrichtswesen jemals aufweist.

Aber man erkennt es leicht: dies ist alles Andere, nur nicht wissenschaftliche Schule. Der Vortragende muß den größeren Theil seiner Kraft auf die literarische Form seines Vortrages verwenden; oft genug verbraucht er seine Mittel vollständig in dieser Richtung und deckt dann die Blöße des Inhalts mit glänzenden Redewendungen zu; im besten Falle liefert er schriftstellerische Leistungen, fertig und abgeschlossen in sich, Schlußresultate einer vielleicht lang fortgesetzten Forschung, bei denen aber die Mühe und Arbeit dieser Forschung auf das Emsigste verborgen werden muß. Auf solche Art ist es zunächst schlechthin unmöglich, im Laufe eines Semesters eine umfassende Disciplin in ihrem ganzen

Umfange zu behandeln; und, was noch wichtiger
ist, der Zuhörer erfährt nicht das Mindeste über
die geistigen Operationen, durch welche die ihm
überlieferten Ergebnisse hergestellt worden sind. Er
hört z. B. die Thaten Alexander's des Großen, aber
er gewinnt in keiner Weise einen Einblick in die zu
ihrer Erkenntniß erforderlichen philologischen und
historischen Studien. Mit einem Worte, es wird
wissenschaftlicher Stoff überliefert, aber wissenschaft=
liches Arbeiten nicht gelehrt. Die Hochschule ist
nicht mehr die Stätte für schöpferische Fortbildung
der Wissenschaft; nicht ein originell gearbeiteter Ge=
halt, sondern der Reiz des Styls und der Exposi=
tion steht in der ersten Linie der Anforderungen.
Frankreichs Gefahr auf dem geistigen Gebiete, sagt
Rénan, besteht darin, daß wir eine Nation von
Sprechern und Redactoren werden.

Einen völlig entgegengesetzten Weg hat der aka=
demische Unterricht in England eingeschlagen. Hier
richtet sich die Klage dahin, nicht daß die Univer=
sität zu wenig Schule sei, sondern daß sie es zu
sehr, zu ausschließlich sei. Hier hat das College,
d. h. das Repetitorium, die Vorlesung überwuchert.
Der Tutor, der Repetent, hat den Professor ver=
drängt. Der Professor hält ein Dutzend Vorlesun=
gen im Jahr, fast nach Pariser Weise. Der eigent=
liche Unterricht geschieht daneben in den Colleges,

und hier ganz in den Formen unserer Gymnasien.
Der leitende Zweck, welcher die Richtung und den
Lehrstoff der Oxforder Studien bestimmt, ist allerdings nicht die Abrichtung des Schülers zu einem
praktischen Berufe, aber auch nicht die Einführung
desselben in speciellere und tiefere Wissenschaftlichkeit: sondern es ist die Entwicklung und Formirung
der allgemeinen Geisteskraft, der Fähigkeit zu denken und zu sprechen, der Leichtigkeit der Combination, der Sicherheit des Urtheils, der Fertigkeit des
Ausdrucks; es ist, wie gesagt, die Aufgabe unserer
Gymnasien, nur höher gefaßt und reicher entwickelt
nach dem reiferen Alter und der vorgeschrittenen
Bildungsstufe des Studirenden. Nach diesem ober-
sten Gesichtspunkte richtet sich Alles. Für das äußere
Dasein der Schule ist in beispielloser Reichlichkeit
gesorgt. Es ist feste Regel, daß die Schüler eines
College zusammen wohnen, unter fortdauernder Auf-
sicht stehen, nach dem Plane der Anstalt ihre Studien einrichten. Der Nutzen jener Einrichtungen
wird jetzt sehr nachdrücklich in Zweifel gezogen: ihre
Vertheidiger heben nicht so sehr die Verhütung von
Excessen hervor, da ja gerade durch das enge Zusammenleben, wie die Möglichkeit der Controle, so
auch die Möglichkeit der Ansteckung wächst; desto
mehr betonen sie die sichere und vornehme Haltung
des Gentleman, die hier im steten Verkehre mit Ge-

noffen guter Gesellschaft gewonnen wird. Was den Lehrstoff betrifft, so sind es vorwiegend die alten Sprachen, Mathematik, etwas Geschichte, gewisse Reflexionen, die man Philosophie nennt, und bei den künftigen Klerikern einige Theologie, welche die Zeit der Zöglinge füllen; die eigentliche Erlernung der Fachwissenschaft bleibt größtentheils den ersten Jahren nach dem Abschlusse des akademischen Studiums vorbehalten. Der zusammenhängende Kathedervortrag erscheint nur bei jenen spärlichen öffentlichen Vorlesungen; im Uebrigen ist die Unterrichtsform dialogisch: der Lehrer entwickelt, fragt, hört ab, läßt Aufsätze schreiben und beurtheilt dieselben. In jeder Hinsicht erkennt man das Ueberwiegen des allgemeinen pädagogischen Zweckes, und in dieser Hinsicht sind die Erfolge keineswegs unbedeutend. Eines der hervorragendsten Mitglieder der Oxforder Reformpartei, Marc Pattison, erkennt es an, daß die historisch=philologischen Abhandlungen der älteren Studirenden eine höchst bedeutende und erfreuliche Entwicklung und Reife des Geistes bekunden. Ihre jungen Verfasser greifen den Gegenstand mit sicherem Geschicke an, beleuchten die verschiedenen Seiten desselben mit eindringender Debatte, haben Gedanken darüber von nicht selten überraschender Schärfe und Brauchbarkeit, zeigen sich durch Styl und Gehalt als fertige Männer. Sie bilden, sagt Pattison, ohne allen Zweifel den Kern und die Blüthe des heranwachsenden Geschlechts, die Hoffnung der nächsten Zukunft der Nation. Aber nicht minder charakteristisch ist dann auch die Kehrseite des Verhältnisses. Fragt man nach dem selbstständigen originellen Wissen, welches jenen stattlichen Arbeiten zu Grunde liegt, so zeigt es sich äußerst gering. Der junge Autor discutirt mit gebildetem politischen Verstande z. B. die Wirkungen der solonischen Verfassung, gelesen aber hat er darüber auf der Welt nichts anderes, als Grote's griechische Geschichte. Mit dem hier gewonnenen Material weiß er besser zu wuchern als mancher unserer gelehrten Seminaristen mit der gediegensten Quellenkunde. Aber dafür bleibt er dem Inhalte nach überall abhängig von seinem Gewährsmann; was die Emancipation des persönlichen Geistes, was wissenschaftliche Gründlichkeit und befreiende Tiefe des Gedankens bedeutet, hat er nicht erfahren. Es ist, sagt Pattison mit frappantem Ausdruck, als seien unsere Universitäten nur dazu bestimmt, den Zeitungen flinke Verfasser trefflicher Leitartikel zu liefern. Einer solchen Richtung der Schüler entspricht, wie natürlich, in Licht und Schatten die Qualität der Lehrer. Im Einzelnen zeigt sich eine große Anzahl höchst verdienstlicher und wohl unterrichteter Pädagogen; im Ganzen vollzieht sich die Entwicklung der

Wissenschaften in England aller Orten sonst, nur
nicht auf den Universitäten.

So sehen wir von entgegengesetzten Ausgangs=
punkten aus die beiden Nationen zu dem gleichen
Ergebniß gelangen. Wir sind, bedroht, ein Volk von
Redactoren zu werden, ruft Rénan. Es ist, als
sollte unsere Jugend nur lernen, Leitartikel zu schrei=
ben, erklärt Pattison. Beide, und mit ihnen eine
Menge ihrer Landsleute, wenden ihre Blicke den
deutschen Einrichtungen zu. Sie finden bei diesen
nicht unerhebliche Mängel; sie sind zum Theil der
Meinung, daß die vor dreißig Jahren erreichte
Vollkommenheit gesunken sei; in der Hauptsache
aber, in dem leitenden Grundsatze, sehen sie eine
sichere Quelle geistiger Erhebung auch für ihre
Nation.

Fragen wir näher, was sie an unserem Zu=
stand rühmen, welcher Moment ihnen als der Grund
der Trefflichkeit unserer Universitäten erscheint, so
lautet ihre einstimmige Antwort dahin: die stete
Verbindung und Verschmelzung von Forschung und
Unterricht.

Es ist also nichts Aeußerliches, was sie an uns
schätzen, nicht unsere Corporationsrechte, an die
man in Frankreich kaum denkt und deren man in
England fast zu viele zu haben glaubt, nicht die
akademische Freiheit auf geselligem Gebiete, über

deren Aufwallungen man besonders in England be=
denklich den Kopf schüttelt; nein, das Lob der Frem=
den trifft den innern Kern der Sache und bezeich=
net in der That die richtige Grundlage alles Guten,
was wir haben. Unsere Universitäten sind deßhalb
gute Schulen, weil sie nicht bloß Lehranstalten,
sondern auch Werkstätten der Wissenschaft sind, weil
die fort und fort wirkende wissenschaftliche Produc=
tion die Seele alles ihres Unterrichts sein soll.
Deßhalb versammelt der Staat die besten wissen=
schaftlichen Kräfte von ganz Deutschland als Lehrer
an den Universitäten, so daß die in England und
Frankreich alltägliche Erscheinung, ein namhafter
Gelehrter ohne akademische Stellung, bei uns eine
ganz seltene Ausnahme ist. Deßhalb richtet sich
bei jeder akademischen Anstellung die erste und letzte
Sorge auf die literarische Wirksamkeit; was Lehr=
talent im formellen Sinne betrifft, so ist man zu=
frieden, wenn nicht die gänzliche Abwesenheit des=
selben constatirt ist; Alles kommt darauf an, ob die
Fähigkeit zu eigener wissenschaftlicher Production
sich bewährt hat; wer diese besitzt, denkt man, wird
die wesentliche Aufgabe des akademischen Unterrichts
erfüllen können. Schon hiemit ist im Grunde der
leitende Gesichtspunkt dieses Unterrichts bezeichnet.
Ohne Zweifel, auch wir begehren von unsern Uni=
versitäten, daß sie für eine Reihe von Lebensberufen

die Vorbereitungsschule für die künftige Praxis seien. Aber wir wünschen diese Aufgabe nicht mechanisch und compendiarisch zu lösen. Wir wünschen nicht in kürzester und handlichster Weise diejenigen Notizen und Kenntnisse, welche das Examen und etwa das erste Dienstjahr erfordert, dem Gedächtnisse des Studirenden einzuprägen. Auf der andern Seite bescheiden wir uns, von unsern Docenten nicht die höchsten Leistungen der Kathedervirtuosität zu begehren, wie sie das Pariser Publicum von den seinigen erwartet. Unsere Aufgabe sehen wir wesentlich darin, dem Studirenden die Methode seiner Wissenschaft zu überliefern und ihn damit in den Stand zu setzen, nicht eben selbst Gelehrter zu werden, wohl aber jeden künftigen Beruf im wissenschaftlichen Sinne und mit wissenschaftlicher Kraft zu treiben. Er soll vor Allem lernen, was Wissenschaft ist, wie man wissenschaftliche Arbeit betreibt, was wissenschaftliche Schöpfung bedeutet. So weit die beschränkte Menschenkraft es gestattet, soll der Lehrer bei jedem Vortrage sich in frischer, originaler Hervorbringung bewegen; der Schüler soll vor Allem dadurch gebildet werden, daß er an diesem Entstehungsprocesse des Gedankens anschauend Theil nimmt; was auch im späteren Leben sein Beruf sein möge, in seinen akademischen Jahren soll er Jünger der Wissenschaft sein, und nichts anderes,

weil die beste Vorbereitung für jeden Beruf die
Erlangung wissenschaftlicher Reife, Gelenkigkeit und
Selbstständigkeit des Geistes ist.

Was dies sagen will, wird am Sichersten deut=
lich werden, wenn wir einen Blick auf das Verhält=
niß der Universität zu dem Gymnasium werfen.
Das Gymnasium verfolgt bei uns wie in den Nach=
barländern denselben letzten Zweck, die allgemeine
Schulung und Stärkung des Geistes; es wählt
seinen Lehrstoff nicht nach der Frage, inwiefern ge=
wisse Kenntnisse überhaupt im Leben nützlich sein
mögen — irgend welchen Nutzen hat ja natürlich
jede Kenntniß — sondern nach der Erwägung,
welche Arbeiten für die allgemeine Gymnastik des
Geistes am förderlichsten sind. Bei dem Uebergang
zur Universität verschwindet in Frankreich dieser
Standpunkt vollständig: die französischen Facultäten
sind Fachschulen, welche einen fertigen wissenschaft=
lichen Inhalt zur technischen Vorbereitung auf irgend
einen praktischen Beruf überliefern. In England,
wie wir sahen, ist umgekehrt die Universität nichts
anderes als ein fortgesetztes Gymnasium; die formale
Bildung des Geistes ist nach wie vor die herrschende
Aufgabe des Unterrichts. Zwischen diesen beiden
Extremen hält die deutsche Universität die positive
Mitte. Nach dem Inhalte ihres Lehrstoffs verfolgt
sie die technische Vorbereitung für den speciellen

Fachberuf, nach der Methode ihres Unterrichts hält sie den Gesichtspunkt der formalen, allgemeinen Bildung fest. Sie besteht, äußerlich betrachtet, aus einer Reihe von Fachschulen, die zwar durch räum= liche Nachbarschaft und corporative Genossenschaft der Mitglieder verbunden, in ihrer Thätigkeit aber völlig unabhängig von einander sind. Aber bei dieser Unabhängigkeit schließen sie doch auf das Be= stimmteste zusammen durch die Gemeinsamkeit ihrer Lehrmethode. Während bei technischen Schulen die Wahl des Lehrstoffs und die Form des Vortrags sich wesentlich durch die Forderung bestimmt, den Schüler möglichst rasch und allseitig für die äuße= ren Aufgaben seiner künftigen Praxis brauchbar zu machen, verfolgen unsere akademischen Fachschulen das Ziel, ihre Zöglinge so tief wie möglich in die Arbeit ihrer Wissenschaft einzuführen und dadurch ihrem Geiste die letzte männliche Entfaltung zu ge= ben. Sie setzen dadurch die Wirksamkeit der Gym= nasien fort, nur freilich nicht, wie die englischen Colleges, in bloß erweitertem Umfang, sondern auf einer neuen höhern Stufe.

Das Gymnasium treibt Lateinisch und Griechisch, um an den reichen Formen der fremden Sprachen die Fähigkeit des Denkens und Sprechens überhaupt zu üben; es führt seinen Schülern das Bild des classischen Alterthums und die großen Thatsachen der christlichen Religion vor, um ihrer Seele die Richtung auf sittliche hohe und reine Gegenstände zu geben. Ohne Zweifel ist damit die Gymnastik des Geistes noch nicht abgeschlossen. Nachdem der Geist auf jener vorbereitenden Stufe eine allgemeine Uebung durch die Aufnahme mannichfaltiger Eindrücke empfangen hat, ist es jetzt erforderlich, daß er diese Uebung durch Concentration seiner Kräfte auf eine specielle Aufgabe, auf eine specielle Wissenschaft bethätige. Erst dann ist der Mensch in Wahrheit Herr über eine geistige Kraft, wenn er von ihr durchgreifenden Gebrauch macht, wenn er sie an irgend einem festen Probleme mit vollem Nachdruck erprobt hat. Dies aber ist nach der Natur der Dinge unmöglich ohne Sonderung der Fächer. Der Jüngling, der eben die Schule verlassen, kann nicht zu gleicher Zeit in Theologie und Jurisprudenz und Medicin die selbstständige wissenschaftliche Forschung beginnen. Er muß sich auf Ein Fach beschränken, um auf dessen Boden in die Tiefe vordringen zu können. Eben indem der akademische Unterricht ihn zu dieser concentrirten und tieferen Forschung aufruft, setzt er trotz der Sonderung der Fächer die allgemeine, formale Bildung der Gymnasien in der wirksamsten Weise fort.

Das Gymnasium verwendet als Bildungsmittel den in der philologischen, historischen, mathematischen

Literatur ihm dargebotenen Wissensstoff. Es übt seine Schüler an den Texten, wie sie die gelehrte Philologie constituirt; es lehrt ihnen die historischen Thatsachen, wie die historische Forschung sie zur Zeit festgestellt hat: weder seine Lehrer noch seine Schüler machen den Anspruch, das gelehrte Wissen durch eigne Forschung weiter zu führen, durch eigne Kritik sich unabhängig von den Meistern der Literatur zu stellen. Dagegen ist ein solcher Anspruch geradezu das Lebenselement der deutschen Universitäten. Gerade sie sind die Stätte, wo sich die gelehrte Schöpfung, die wissenschaftliche Kritik, der literarische Fortschritt vollziehen soll. Ihre Lehrer sind die Organe des autonomen wissenschaftlichen Geistes; ihre Schüler sollen wie zur arbeitsamen Concentration, so auch zur geistigen Selbstständigkeit erzogen werden. Wenn irgend etwas, ist dies das absolute Merkmal ächter akademischer Bildung. Es ist nicht erforderlich, wie es nicht möglich ist, daß ein junger Mann in sechs bis acht Semestern den ganzen Umfang seiner Wissenschaft gleich gründlich aus den letzten Quellen mit voller Literaturkenntniß studire. Ein solches encyclopädisches Bestreben würde umgekehrt in die Breite statt in die Tiefe, zur Oberflächlichkeit statt zur Gründlichkeit führen. Aber dies ist wesentlich, daß der Studirende ein deutliches Bewußtsein von der Aufgabe der Wissenschaft, und von den Operationen, womit sie die

2

Aufgabe löst, gewinne; dies ist nöthig, daß er an einigen, wenigstens an einem Punkte diese Opera= tionen selbst durchmache, daß er einige Probleme bis in ihre letzten Consequenzen verfolge, bis zu einem Punkte, wo er sich sagen kann, es gebe nun niemand auf der Welt, der ihn hier und hierüber noch etwas lehren könne, hier stehe er fest und sicher auf eignen Füßen und entscheide nach eignem Urtheil. Dieses Bewußtsein geistiger mit eigner Kraft errungener Selbstständigkeit, ist geradezu ein unschätzbares Gut. Es ist beinahe gleichgültig, welchen Gegenstand die Untersuchung zuerst betroffen, die zu demselben hingeführt hat: genug, sie hat an einem noch so kleinen Punkte die Abhängigkeit der Schule durch= brochen; sie hat die Kräfte und Mittel erprobt, mit denen von nun an jedes neue Problem ergriffen und zu gleicher Lösung geführt werden kann; sie hat inmitten der fröhlichen Jugendzeit den Jüngling zum Manne gereift. Noch weiß er nicht Vieles noch Vielerlei, aber er weiß, was das Wort „Wissen" bedeutet; dem schlummernden Geiste ist das Bewußt= sein seiner Kraft, und für immer die Richtung auf den Adel der Seele, auf selbstbestimmende Eigen= artigkeit gegeben.

Wenn ich vorher, um diesen Standpunkt scharf zu bezeichnen, methodische Forschung und encyclo= pädische Kenntnisse scheinbar in Gegensatz stellte, so

werde ich in diesem Hörerkreise nicht das Mißver=
ständniß zu befürchten haben, als dispensire das
Streben nach guter Methode von weithin sammeln=
dem Fleiße, als sei es möglich, in die Tiefe zu
schürfen, ohne über eine gewisse Breite des Bodens
zu verfügen. Die Frage ist nur, in welcher Rich=
tung und zu welchem Gebrauche die Kenntnisse ge=
sammelt werden: wer im Sinne eigener methodischer
Forschung arbeitet, wird bald inne werden, daß bei
jedem Schritte die Anforderungen wachsen, daß er,
um eine Frage vollständig zu lösen, seine Kennt=
nisse nach allen Seiten erweitern muß, daß die zu
hebende Last mit jedem Tage gewichtiger wird —
aber auch das wird er fühlen, daß mit jedem Tage
seine Kräfte wachsen, seine Bewegung sicherer und
leichter wird. Was gestern noch schwer zu schie=
bende Last war, ist morgen bereits Lokomotive ge=
worden. Ja noch mehr. Wer in diesem Sinne
studirt, hebt innerlich die scheinbare Absonderung
der akademischen Fachschulen, der Fakultäten wieder
auf, und stellt an seinem Theile die lebendige Ein=
heit der universitas literarum her. In alten Wäl=
dern trifft man wohl Baumgruppen, vier, fünf ge=
waltige Stämme, dicht neben einander, deren Kronen
in weiter Entfaltung nach allen Weltgegenden ihre
Wipfel auseinander legen; tritt man näher, so sieht
man, daß sie alle einer Wurzel erwachsen, in der

Tiefe alle aus einem Keime entsprossen sind. So
ist es mit den einzelnen Disciplinen der Wissen=
schaft. Ihre Zweige erstrecken sich nach den ver=
schiedensten Richtungen: wer in die Tiefe gräbt, stößt
auf die gemeinsame Wurzel. Wer einem juristischen
Problem bis in die letzten Voraussetzungen folgt,
muß sich mit sittlichen, philosophischen, religiösen
Grundfragen auseinandersetzen. Wer eine historische
Aufgabe gründlich lösen will, begegnet auf Schritt
und Tritt juristischen, kirchlichen, politischen Erwä=
gungen. Und so durch alle Fächer hindurch. Mit
einem Worte, wer an irgend einer Stelle der
Wissenschaft originale, gründliche, abschließende Ar=
beit machen will, wird dadurch genöthigt, mit eigner
Entschließung selbstständig seine Stellung zu allen
Grundproblemen des Daseins, zur Welt und zu
Gott zu nehmen. Und dies ist wohl der höchste
Segen, zu welchem das Unterrichtssystem unserer
Universitäten den Antrieb gibt. Wenn die deutsche
Nation in den letzten hundert Jahren die Kraft zu
den gewaltigsten Fortschritten auf allen Lebensge=
bieten gefunden hat, so ist ist hier vielleicht der
wichtigste Hebel zu unserm Aufschwunge bezeichnet.
Nicht hoch genug kann der Gewinn angeschlagen
werden, daß unsere höchsten Lehranstalten in ihrem
innersten Wesen die Tendenz auf die volle Be=
freiung des männlichen Geistes haben. In der vor=

ausgehenden Schule beherrscht die Autorität noth=
wendig den ganzen Menschen; im späteren Leben
nimmt die Praxis, und mit derselben wieder die
Autorität, ansehnliche Strecken des Daseins in Be=
schlag. Aber wenigstens Einen Augenblick soll auf
deutschem Boden jeder gebildete Mann in seinem
Leben haben, wo die Organe der Autorität, wo
Nation, Staat und Lehrer selbst, als die höchste
aller Anforderungen ihm das Gebot verkünden,
geistig frei zu sein. Aus dem Grunde der eignen
Seele heraus mit der Leuchte selbstständigen Wissens
sich den Lebensweg selbst zu bahnen, das ist das
Ziel, welches das deutsche Universitätssystem seinen
Schülern aufsteckt. Möge der Einzelne in Folge
dieser Studien und Arbeiten die eine oder die an=
dere Richtung einschlagen, möge er liberal oder
conservativ, Reactionär oder Progressist, orthodox
oder ketzerisch werden: das für uns Wesentliche ist
nur, gleichviel was er sei, daß er es nicht aus Ju=
gendgewohnheit, unklarer Stimmung, überliefertem
Gehorsam, sondern daß er es für sein ferneres Le=
ben aus wissenschaftlicher Erwägung, kritischer Prü=
fung, selbstständiger Entschließung sei. Dann und
nur dann wird er zu den tüchtigen Gliedern seines
Berufs, den kräftigen Vertretern seiner Partei, den
wirksamen Organen seiner Confession, den Zierden
und Ehren seiner Nation, dann, und nur dann

wird er in der Wahrheit zu der alle Stände durch=
brechenden Aristokratie unserer Zeit, zu den Män=
nern wirklicher Bildung zählen.

Ich habe in diesen Sätzen die charakteristischen
Züge des deutschen Universitätswesens zusammenzu=
stellen versucht. Ich weiß es nur zu gut, was ich
ausgesprochen habe, sind nicht die Leistungen, die
wir hervorbringen, sondern es sind die Forderun=
gen, die wir an uns stellen. Ich räume es bereit=
willig ein, daß die großen Meister in den ersten
Decennien des Jahrhunderts das Ideal in höherem
Maaße realisirt haben, als es uns, den Nachleben=
den, vergönnt ist. Nicht einem Jeden ist die Kraft
und die Fügung zugetheilt, sein Banner als starker
Feldherr zu glänzenden Siegen vorwärts zu tragen;
was man von Jedem fordern kann, ist, daß er der
glorreichen Fahne treu bleibe, und an seiner beschei=
denen Stelle ihrem Dienst die Kraft seines Lebens
widme. Dies ist, im Ganzen und Großen betrach=
tet, bisher bei Lehrern und Lernenden der deutschen
Universitäten geschehen. Der wesentliche Charakter
unserer Hochschulen, wie er im Anfange des Jahr=
hunderts von Schleiermacher und Friedrich August
Wolf, von Süvern und Fichte, von W. Humboldt
und Altenstein festgestellt worden, ist in seinen ent=
scheidenden Zügen bis zum heutigen Tage erhalten
worden. In den ersten Jahren nach den Befreiungs=

kriegen empfand er den Druck der politischen Ver=
hältnisse, das unreife Streben eines Theils der
Studirenden, sich unmittelbar und praktisch an den
brennenden Fragen der Tagespolitik zu betheiligen,
und in Folge davon die polizeiliche Reaction von
1819, welche die Universitäten überhaupt unter eine
einengende Vormundschaft stellte. Seit 1840 haben
dann zuweilen theologische und confessionelle Rück=
sichten stärker als für Religion und Wissenschaft
heilsam war, an einigen Punkten auf die akademi=
schen Verhältnisse eingewirkt, und auch die Stürme
von 1848 sind nicht spurlos an den deutschen Hoch=
schulen vorübergegangen. Niemals aber sind diese
Trübungen von bleibendem Erfolg gewesen: viel=
mehr hat gerade in den letzten Jahrzehnten das
akademische Unterrichtssystem, welches ich zu schil=
dern versuchte, sehr bedeutende Eroberungen im
deutschen Süden gemacht, auf Gebieten, welche bis
dahin dem Geiste desselben sich beinahe völlig abzu=
schließen gestrebt hatten.

Trotz dieses, im Allgemeinen höchst erfreulichen
Ergebnisses würde unser Bild ein unvollständiges
und somit unrichtiges sein, wenn neben dem Lichte
nicht auch der Schatten Erwähnung fände. Ich
will nicht ausführlich von kleinern und speciellern
Schäden sprechen, wie deren zu allen Zeiten bei
allen Einrichtungen dieser Welt erscheinen. Ich be=

schränke mich auf die Darlegung eines Momentes, weil es, so weit ich sehe, eine Gefahr für die tiefste Wurzel unseres ganzen akademischen Daseins in sich schließt, weil seine Wirkungen bereits vielfach fühl= bar zu werden beginnen, weil hier, wenn irgendwo jene Bemerkung fremder Beurtheiler berechtigt ist, daß wir nicht völlig mehr auf der früheren Höhe stehen.

Seit dem vorigen Jahrhundert ist die herkömm= liche Dauer der Studienzeit, wenigstens auf unsern norddeutschen Universitäten, ein Triennium, das sich nur in wenigen Fächern zum Quadriennium aus= dehnt. Dies mochte vor hundert Jahren genügen, heute ist es, in allen Facultäten ohne Ausnahme, absolut unzulänglich. Der Grund ist die mächtige Ausdehnung des wissenschaftlichen Materials, sowie die Vertiefung und damit die Vervielfältigung der speciellen Disciplinen. Die Arbeitsmasse hat sich intensiv und extensiv verdoppelt; die individuelle Kraft des Menschen ist im 19. Jahrhundert nicht größer als im achtzehnten; die nothwendige Folge ist entweder qualitative Verschlechterung der Arbeit oder erhebliche Vermehrung des Zeitaufwandes. Drei oder nach Umständen vier Jahre bedeuten heute nicht mehr als drei oder vier Semester in alter Zeit. Wenn in ihnen das akademische Studium zu einem gewissen äußerlichen Abschlusse gelangen soll, so ist eine starke Verkümmerung des innern Gehaltes unvermeidlich.

Wird nun vollends, wogegegen vom akademischen Standpunkte aus nicht entschieden genug gewarnt werden kann, das militärische Dienstjahr auch noch in die Studienzeit verlegt, so bleibt gar keine Möglichkeit mehr für die ernste Ausbildung des wissenschaftlichen Sinnes, also für die Lebensaufgabe der Universität. Nicht ein Fach, nicht ein Lebensberuf existirt, wo bei der heutigen Ausdehnung der Disciplinen zwei bis drei Jahre auch nur zu halbwegs leidlicher Vorbereitung für das Examen völlig ausreichten, ich rede hier von jener völlig mechanischen Vorbereitung, die der drastische Ausdruck der Commilitonen das Einpauken nennt. Da das Examen aber einmal die Bedingung des künftigen Amtes ist, so richtet sich nothgedrungen der Fleiß auf dieses kümmerliche Verfahren; die eigene selbstständige Forschung, die Uebung der wissenschaftlichen Methode, die philosophische und historische Begründung des Fachstudiums unterbleibt in zahlreichen Fällen. Man klagt über die Zunahme des bloßen Brodstudiums, über die flache, materialistische Richtung auch der Jugend in unserer Zeit. Als wäre die Jugend nicht heute und überall dieselbe, als zeigte sie nicht bei hundert sonstigen Anlässen, heute wie immer, daß sie enthusiastisch, wissensfroh und frei-

heitsdurftig ist, eben weil sie Jugend, gesunde mensch=
liche Jugend ist. Aber freilich, das Brod bedarf
auch sie, wie jedermann, vor allem Andern, um zu
leben, und wer sie deshalb materialistischer Verfla=
chung anklagt, der setze sie erst in die Lage, außer
dem Brode nach Höherem streben zu können. Hier
dürfen wir mit demüthiger Bewunderung hinüber
nach England blicken. Wir hören von dortigen
Kennern, wie ich anführte, daß ihre Hochschulen ge=
ringere wissenschaftliche Erfolge als die unsern erzie=
len: nun, für diese kleinern Leistungen hat die eng=
lische Nation nach ihrer Ehrfurcht vor geistiger
Bildung und ihrem stolzen Gemeinsinn in so gewal=
tiger Weise gesorgt, daß aus einem Oxforder Jah=
resüberschuß sechs ganze deutsche Universitäten ihre
Jahreskosten bestreiten könnten, daß dort ein weit
höherer Betrag als ein ganzes Jahreseinkommen
der Universität Bonn allein zu Stipendien und Prä=
mien nicht für dürftige, sondern für fleißige Stu=
dirende, daß eine ebenso große Summe zum Unter=
halt für examinirte junge Doctoren verwandt wird,
die zu weiterer gelehrter Ausbildung noch in den
Räumen der Hochschule eine neue Jahresreihe zu=
bringen wollen. Und ich betone es, all diese colossale
Dotirung, welche die unsrige in dreifach höherem
Maße übertrifft, als der englische Nationalreichthum
den unsrigen, ist zum größten Theile nicht Zuschuß

der Staatsregierung, auf die wir bei eigener Unthä=
tigkeit zu blicken lieben, sondern successive Stiftung
einzelner Bürger, welche damit sich Denkmäler wissen=
schaftlichen Sinnes gesetzt haben, wie wir sie leider in
dem wissenschaftlichen Deutschland vergebens suchen.
Ein sehr sachverständiger Zeuge, der neulich
von dem Committe des englischen Unterhauses für
Universitätsreform vernommen wurde, Dr. Walter
Perry, erklärte rund und präcis: alle erheblichen
Mängel der deutschen Universitäten haben nur eine
Ursache. Welche wäre das, wurde er gefragt. Die
Antwort war: Mangel an Geld. In der angege=
benen Hinsicht hatte er wahrlich nicht Unrecht. Es
ist meine festeste Ueberzeugung, daß es keine drin=
gendere Lebensfrage für die fortdauernde Blüthe
unserer Universitäten gibt, als die Sorge um die
Mittel, um der großen Zahl unserer Studirenden
die Möglichkeit eines mindestens fünfjährigen Auf=
enthaltes auf der Hochschule zu gewähren. Ehe
dergleichen gewonnen ist, wäre es hart gegen die
Einzelnen und schädlich für das Ganze, zu einer
gesetzlichen Verlängerung des Trienniums zu schrei=
ten. Die Wirkung würde thatsächliche Ausschließung
eines sehr tüchtigen, sehr fähigen Theils der Bevöl=
kerung von der akademischen Laufbahn sein. Das
Richtige wäre, die längere Fortsetzung des Studiums
nicht durch Gebot zu erzwingen, sondern durch Prä=

mirung zu ermöglichen. Wie leicht sich hier an die
bestehenden Zustände anknüpfen, wie viel sich auch
mit kleinen Mitteln erreichen ließe, zeigt der erste
Blick. In erfreulicher Blüthe z. B. sind unsere
Seminarien, in welchen der Lehrer die Mitglieder
zu eigner wissenschaftlicher Forschung unmittelbar
anleitet und die Ergebnisse kritisirt, in welchen also
der Grundgedanke des deutschen Universitätswesens
die ausdrücklichste Verkörperung gewinnt. Diese Ergänzung der zusammenhängenden Lehrvorträge hat
sich nach allen Richtungen bewährt. Ursprünglich
auf Theologen und Philologen beschränkt, sind jetzt
auch für Jurisprudenz, Geschichte, Mathematik, Na-
turwissenschaften Seminarien errichtet. Die meisten
derselben geben ihren fleißigsten Mitgliedern halbjähr-
liche Prämien oder Stipendien von etwa 20 Thalern,
ein Betrag, der offenbar nur als Ehrengeschenk, nicht
aber als Erleichterung der Subsistenz betrachtet werden kann. Welch eine Förderung gründlicher Wissenschaftlichkeit würde sich nun ergeben, wenn diese Stipendien erhöht, vervielfacht, wenn sie insbesondere
zur Unterstützung bei längerem Studium nach be-
standenem Doctorexamen ertheilt werden könnten.
Eines unserer hiesigen Geschäftshäuser hat so eben
auf Anlaß unseres bevorstehenden Jubiläums das
äußerst ehrenvolle Beispiel einer ansehnlichen Stiftung gegeben: möchte es zahlreiche Nachfolge finden,

bei den Communen, bei den hervorragenden und reichen Einwohnern unserer Provinz; möchte auf dem dankbarsten Felde eine Ader jenes englischen Gemeinsinnes auch bei der deutschen Nation sich fruchtbar erweisen. Noch in anderer Richtung könnte englisches Vorbild für unser akademisches Wesen ergiebig werden. Schon vor einigen Jahren hat Döllinger in einer trefflichen Erörterung über die deutschen Universitäten die Frage aufgeworfen, ob nicht auch bei uns eine Wiederbelebung der alten bursae möglich und rathsam wäre, Einrichtungen für das äußere Leben der Studirenden, wie sie in den englischen Colleges vor Augen liegen, Pensionen unter der Leitung eines akademischen Beamten, wie König Max II. von Baiern eine solche in München im größten Style und nach vortrefflichen Anschauungen gegründet hat. Wer etwa geneigt wäre, einen solchen Vorschlag als unzeitgemäß oder gewohnheitswidrig kurz von der Hand zu weisen, der sehe erst mit eigenen Augen, wie unendlich Vieles in der äußeren Lebensstellung unserer Studirenden schädlich für Gesundheit und Körperkraft und damit für Arbeitsfähigkeit und Geistesfrische ist, und bilde dann sein Urtheil, welche Wohlthaten verständige auf diesen Punkt gerichtete Maaßregeln mit sich führen würden. Es versteht sich, daß unter allen Umständen dabei das fundamentale Princip der akademischen

Freiheit an oberster Stelle maaßgebend sein müßte.
Niemand dürfte zum Eintritt gezwungen, niemand
vom Austritte abgehalten werden. Eine gewisse
Hausordnung wäre wie bei jedem Zusammenleben
mehrerer Menschen unvermeidlich: jedoch dürfte sie
hier nicht über die nöthigsten Punkte hinausgehn
und vor Allem die volle Selbstbestimmung über Ar=
beitsstoff, Arbeitszeit und Arbeitsweise in keiner
Weise beschränken. Die deutsche Universität begehrt
keinen andern Fleiß, als welcher aus dem eigensten
persönlichen Entschlusse des Studirenden erwächst;
sie muß Einrichtungen wünschen, welche ihm dazu
die äußerlichen Grundlagen und Lebensbedürfnisse
liefern, bei deren Regeln aber muß sie als erstes
und letztes Princip die individuelle Selbstbestimmung
hochhalten.

Wenn es in solcher oder anderer Weise gelänge,
— denn der Mittel und Wege gibt es hier wie bei
jedem guten Zwecke eine Menge — wenigstens einen
ansehnlichen Theil unserer Commilitonen etwa zehn
Semester auf der Universität festzuhalten: der Ge=
winn würde unabsehbar sein. Auf's Neue wäre die
jetzt vielfach bedrohte wissenschaftliche Vertiefung des
Studiums gesichert, die wir als das charakteristische
Ziel unseres ganzen Lehrsystems anerkannten. Es
würde die Erwägung möglich werden, auf welche
Art den Genossen der praktischen Facultäten der

wirkſamſte Impuls zur Anlehnung ihres Fachſtu=
diums an allgemeine philoſophiſche Bildung zu ge=
ben wäre. Dann endlich würde man ſich in der
Lage befinden, dem ſogenannten Hange zum Brod=
ſtudium mit poſitiven Mitteln entgegenzutreten,
Bis dahin aber iſt, wie ſehr man die Thatſache an=
erkennen und bedauern muß, jede desfallſige Anklage
gegen die ſtudirende Jugend als eine ungerechte oder
doch unbillige zu bezeichnen. Und ich ſetze hinzu,
ich würde es nicht wagen, ein ſolches Wort mit
ſolcher Beſtimmtheit auszuſprechen, wenn ich nicht
aus vieljähriger Erfahrung wüßte, daß es gerade
von unſeren Commilitonen am Wenigſten mißdeutet
werden wird. Denn nicht in ihrem Willen liegt
die Urſache des Mangels : jetzt wie früher bethätigt
ihre große Mehrheit Tag für Tag die Ueberzeugung,
daß auch unter Entbehrung und Opfern die ächte
und ſchwere Wiſſenſchaft ihre Aufgabe und ihr Le=
bensziel iſt. Es iſt die Pflicht und das Intereſſe
der Nation, ihre Söhne in den Stand zu ſetzen,
durch ſtrengen Dienſt der Wiſſenſchaft ſich zum
Dienſte des Vaterlandes geſchickt zu machen.

Wir Alle wiſſen, daß die augenblickliche Zeit=
lage dem Staate es kaum verſtattet, ſeine Ausga=
ben für andere Zwecke als den der unmittelbaren
Landesvertheidigung erheblich zu ſteigern. Aber
doch iſt es auch eine Frage eben dieſer Vertheidi=

gung, die Frage, ob die Bildungsstätten unserer Staatsmänner, Beamten und Lehrer auf der früheren Höhe bleiben, oder zu oberflächlichen Dressiranstalten handwerksmäßiger Routine herabsinken sollen. Auch wissen wir, daß in unserm preußischen Staate, der vor einem halben Jahrhundert den Beginn seiner Wiedererhebung und die Vollendung seiner Siege jedes Mal durch die Begründung einer Universität signalisirt hat, für jeden bestimmt nachgewiesenen Mangel im Unterrichtswesen gesorgt wird, so weit die Mittel irgend reichen. Wo diese ihre Schranken haben, wird die freie Thätigkeit der Einzelnen, der Gemeinden, der Provinzen Anlaß zu schöpferischer Thätigkeit finden: unsere Bevölkerung, die jetzt zum Drange nach politischer Freiheit das Bewußtsein nationalen Selbstgefühls hinzugewonnen hat, ist sich, hoffen wir, darüber klar, daß nur gemeinnütziges Handeln das feste Fundament für Freiheit und Unabhängigkeit gründen kann.

Die Universitäten und die Gymnasien.

1874.

Als ich vor sechs Jahren die Ehre hatte, an
dieser Stelle über den Charakter der deutschen
Universitäten im Vergleiche mit den entsprechenden
Anstalten Englands und Frankreichs zu reden,
konnte ich nach bester Ueberzeugung mit einer höchst
erfreulichen Bilanz abschließen, hinsichtlich der Leistungen unserer Hochschulen, wie der ihnen gezollten
Anerkennung. Wie bei allen menschlichen Einrichtungen zeigten sich auch hier einzelne Unvollkom-
menheiten, jedoch durfte ich erklären, daß sie nicht
in der Natur des Systems oder der Verkehrtheit
der Menschen, sondern wesentlich in dem Mangel
äußerer Mittel ihren Grund hätten. Ueber die
Grundsätze des akademischen Unterrichts waren auch
damals einzelne abweichende Meinungen laut geworden: im Ganzen aber war die Nation stolz auf
ihre Universitäten, und das Ausland stimmte beinahe übereifrig in diese Lobsprüche ein.

3

Heute, wenn ich nicht ganz irre, würde sich einer ähnlichen Betrachtung kein so völlig heiteres Bild zeigen. Die Zahl und der Eifer unserer Gegner und Tadler ist erheblich gewachsen. Von verschiedenen Seiten her sehen wir eine heftige Polemik gegen die Grundsätze unseres Unterrichtssystems in Bewegung. Andere Beurtheiler, mit uns über die Ziele unserer Bestrebungen einverstanden, erheben die Anklage, daß die Universitäten anfingen, in ihren Leistungen hinter ihrer Aufgabe zurückzubleiben. Es wird abwechselnd der doppelte, auf den ersten Blick sich widersprechende Vorwurf gemacht, einmal, daß viele unserer Studirenden sich lediglich einem eilfertigen und oberflächlichen Brodstudium hingeben, sodann, daß der akademische Unterricht seine Zöglinge mit einer sublimen und leider im Leben völlig unbrauchbaren Gelehrsamkeit anfülle. Es ist nicht eine einzelne Facultät, deren Wirken auf solche Art in Anspruch genommen wird, sondern die Beschwerden richten sich gegen eine ganze Reihe von Fächern, und wie es scheint in wachsendem Maaße. Inwieweit sind dieselben begründet? Und wenn sie es sind, liegt die Schuld an der Ungunst irgend welcher äußeren Verhältnisse? oder trifft die Verantwortlichkeit dafür irgend welche Irrthümer und Fehlgriffe der Universitäten selbst? In dem einen wie im andern Falle, welche Mittel ha=

ben wir, die vorhandenen Uebelstände zu beseitigen, die grundlosen Klagen abzulehnen?

Ueberblickt man zunächst die allgemeine Lage unseres Vaterlandes, so können wir frohen Muthes die Thatsache feststellen, daß die große Wandlung von 1871, daß die Gründung des deutschen Reiches unsern Universitäten weder direct noch indirect irgend welchen Nachtheil gebracht hat. Die Stär=kung des nationalen Selbstgefühls hat auch auf die akademischen Kreise erfrischend und erhebend einge=wirkt, und die hier und da laut gewordenen Besorg=nisse einer von nun an reißend wachsenden Cen=tralisation, eines Aufsaugens alles geistigen Lebens durch die Reichshauptstadt haben sich als unbe=gründet erwiesen. Die Reichsverfassung hat die gesetz=lichen Normen des Unterrichtswesens völlig unbe=rührt gelassen; sie erscheint in dieser wie in mancher andern Hinsicht als ein Provisorium, mehr eine rasche Abfindung mit den zeitweiligen Machtverhältnissen als eine rationelle Erledigung der sachlichen Be=dürfnisse. Diese letztern aber werden, wie man mit größter Wahrscheinlichkeit es aussprechen kann, sehr bald die Gesetzgebung über den höhern Unter=richt mit zwingender Kraft in die Hand der Reichs=gewalt überführen, ein Satz, den gerade die Ver=hältnisse der Universitäten mit jedem Tage anschau=licher machen. Es ist uns Allen selbstverständlich,

daß jedem deutschen Studenten jede deutsche Universität offen stehe, daß die Zeugnisse einer jeden
in ganz Deutschland gleiche Wirkung haben, gleiche
Anerkennung genießen müssen: darin liegt unmittelbar die Nothwendigkeit, alle deutschen Hochschulen,
ohne Unterschied des Staates, dem sie angehören,
gleichmäßig zu organisiren, und für die Erzielung
und Erhaltung dieser Gleichmäßigkeit gibt es keine
andere Gewähr, als die Ueberweisung der Unter-
richtsgesetze an die Reichsgewalt. Ebenso dringend
wäre dann andererseits daran festzuhalten, daß die
Verwaltung der Universitäten den einzelnen Staaten
bleibe, weil nur dadurch ein äußerer Schutz für die
selbstständige Mannichfaltigkeit der verschiedenen
wissenschaftlichen Richtungen gewährt ist: ja man
wird aus demselben Grunde, namentlich in einem
Staate wie Preußen, der allein zehn Universitäten
besitzt, noch einen Schritt weiter gehn, und eine
gewisse Decentralisation der akademischen Verwaltung rathsam finden. Nur suche man diese nicht
auf dem Wege, daß man die Universitäten unter
die Obhut der neu zu bildenden Provinzialstände
stelle, ein Gedanke, der bei der sehr berechtigten
Vorliebe der Gegenwart für die neue Kreis- und
Provinzialordnung schon mehrfach geäußert worden
ist, ganz sicher aber mit der Natur der Dinge in
flagrantem Widerspruch steht. Denn der höhere

wissenschaftliche Unterricht ist schlechterdings keine provinziale, sondern im eminentesten Sinne eine nationale Angelegenheit. Zum Wirkungskreise der Provinzialbehörden gehören die Geschäfte, die sich auf locale Bedürfnisse beziehen, also Fragen der Polizei= und Vermögensverwaltung: darunter fällt aber der höhere Unterricht ebenso wenig, wie etwa das Heerwesen, die Marine, die Eisenbahnen. Der alte bureaukratische Staat hat deshalb mit gutem Grunde den Verwaltungsbeamten der Provinz nicht die geringste Einwirkung auf die Universitäten ver= stattet, und dies Verhältniß bleibt ebenso richtig und nothwendig, wenn an die Stelle der bureau= kratischen eine populäre Verwaltung tritt. Will man die Universitäten, wie es mir wünschenswerth scheint, an den Vortheilen der Selbstverwaltung Antheil nehmen lassen, so sehe ich dafür nur ein statthaftes Verfahren, nicht Unterordnung derselben unter die Provinzialstände, sondern größere Selbst= ständigkeit jeder akademischen Corporation, unter der Mitwirkung eines besonderen, in gewissen Gren= zen vom Minister unabhängigen Vertreters der Staatsgewalt. — Indessen dies sind Fragen der Zukunft; genug, daß wir heute feststellen: die Grün= dung des deutschen Reichs ist kein Schade für die Universitäten, im Gegentheil, erst durch dasselbe werden für sie wie für die gesammte Nation eine

Reihe der wichtigsten Förderungen erreichbar wer=
den. Unsere Hochschulen haben keinen Grund, die
Begeisterung und den Opfermuth zu bereuen, womit
seit 1815 ihre Lehrer und ihre Jünger für das
Ideal der deutschen Einheit gewirkt haben. Nicht die
Reichsgewalt, sondern die Feinde derselben sind es,
welche den Grundsätzen und damit dem ganzen Be=
stande des akademischen Unterrichts den Krieg er=
klären und nach Kräften Gefahr bereiten.

Das erste und letzte Wort unserer Lehrmethode
ist Erziehung der Jugend zu voller Selbstständig=
keit des Denkens. So ist es denn freilich nur in
der Ordnung, daß unsere klerikale Partei, welche
die blinde Unterwerfung des Denkens unter das
kirchliche Lehramt auf ihre Fahne geschrieben hat,
unser System abscheulich findet, und es bei jedem
Anlasse als eine Vergiftung der heranwachsenden
Generation verdammt. Das Gepraffel dieser Schmä=
hungen ist für uns unvermeidlich; wenn wir das
Unglück hätten, von dieser Seite belobt zu werden,
so hätten wir allen Grund, uns besorgt zu fragen,
ob wir wirklich noch die höchste unserer Pflichten
erfüllen. Es gibt für uns auf dieser Seite kein
größeres Glück als die unverhüllte Kriegserklärung,
die scharfe Beleuchtung des in sich unversöhnlichen
Gegensatzes. Dreißig Jahre lang haben wir es
erlebt, wie eine planmäßig verbreitete und kurz=

sichtig acceptirte Unklarheit über die Ziele der kle=
rikalen Bestrebungen an hundert Punkten unser
Unterrichtswesen innerlich verfälschte und zerrüttete,
wie die falschen Freunde sich in und über den aka=
demischen Corporationen einnisteten und das wissen=
schaftliche Leben, angeblich im eigensten Interesse
der Universitäten, den klerikalen Einflüssen zu un=
terwerfen strebten. Man verbrämte dieses Treiben
mit wohlklingenden Sätzen über die Nothwendigkeit
religiöser Begründung der Wissenschaft, über die
Heilsamkeit und Billigkeit achtungsvoller Rücksicht=
nahme auf die kirchlichen Behörden, über die Wah=
rung confessioneller Parität auch innerhalb unserer
Hochschulen: und so gewann man die Unterstützung
oder doch die Neutralität vieler höchst wohlgesinnter
Personen, welche nur nicht die Fähigkeit besaßen,
die Tiefe des mit jenen Redeblumen zugedeckten
Gegensatzes zu erkennen. Hier haben wir die Fort=
dauer des offenen Kampfes nicht zu scheuen, sondern
zu wünschen: das Schlimmste wäre die Herstellung
eines faulen Friedens, welcher dem Feinde die Mög=
lichkeit zurückgäbe, unter der Maske des Helfers
und Genossen, wie es dreißig Jahre lang geschehn,
in unserem eigenen Lager auf's Neue Eingang zu
finden.

Erfahrungen ähnlicher Art machen wir heute
gegenüber gewissen Tendenzen, die auf dem äußersten

Flügel unserer radicalen und socialdemokratischen
Parteien ihren Sitz haben. Wo sie in ihren letzten
Consequenzen hervortreten, stoßen sie allerdings die
gebildete Bevölkerung heftig ab; dann aber zeigt
sich auch hier das Verhältniß, daß bei einer ganzen
Reihe scheinbar gemäßigter Begehren der wirkliche
Charakter und die unausbleibliche Wirkung nicht
erkannt, und dann für dieselben als für höchst menschen-
freundliche, volksthümliche, fortschrittliche Dinge eine
weit verbreitete Sympathie gewonnen wird. Es
handelt sich hier um eine für die Richtung des ge-
sammten Unterrichts entscheidende Grundfrage: hat
derselbe zur Aufgabe die Ueberlieferung einer solchen Bildung, an der Alle in gleichem Maaße Antheil nehmen können? oder soll die Hochschule die
denkbar höchste Bildung erstreben, auch wenn einst-
weilen nur eine Minderheit daran Theil nehmen
kann? Hier in unserem Kreise wird, denke ich, die
Antwort nicht zweifelhaft sein. Bei der ersten
Alternative würde die Verbreitung der Cultur nothwendig zur Verflachung derselben führen. Es würde
die Forderung eintreten, das Maaß des Lehrstoffes
und die Wahl der Lehrmethode nach der niedrigsten
Schicht der Schüler zu bestimmen; das schließliche
Ergebniß wäre eine schwächliche Halbbildung Aller
und das völlige Absterben gründlicher und tiefer
Geistesarbeit. Was wir dagegen begehren müssen,

ist, daß die ächte und hohe Cultur in unserem Vaterlande überhaupt eine Stätte behalte, wenngleich zur Zeit nur in den Köpfen der Wenigen. Denn dann sind wir sicher, daß sie, langsam vielleicht aber unaufhaltsam, endlich in ihren Resultaten unsere ganze Bevölkerung Schicht auf Schicht erreichen, und in dem Grunde des Daseins erquicken, stärken und beleben wird. Auch nach dieser Seite also haben wir unerschütterlich auf den bisherigen, bewährten Grundsätzen zu bestehen, den Streit nicht zu scheuen, sondern ihn zu verkünden, in dem Sinne, daß die Bedeutung des principiellen Gegensatzes in ihrem ganzen Umfange und in allen ihren Consequenzen klar gestellt und damit das Schlimmste, ein allmähliches unbeachtetes Einsickern der verderblichen Richtung, verhütet werde.

Ein anderes Verhalten ohne Zweifel aber liegt uns in den Fällen ob, wo nicht der Werth unserer Grundsätze, sondern die erfolgreiche Anwendung derselben, wo nicht unser Streben, sondern unser Wirken in Frage gestellt wird. Hier gilt es, nicht zu kämpfen sondern zu prüfen, sich nicht auf die Trefflichkeit des Systems zu verlassen, sondern der Unvollkommenheit alles menschlichen Handelns eingedenk zu sein. Eine wirksame Selbstkritik ist um so rathsamer, je kritischer, erregter, neuerungslustiger die Zeit ist, je weniger Ehrfurcht sie vor alter, noch so ehrwürdiger Gewohnheit hat, je haftiger sie sich bei der Wahrnehmung irgend eines Uebelstandes zu radicaler Umwandlung bestimmen läßt. Wer hier aufrecht bleiben will, wird wohlthun, auf jede Klage zu achten und zur Abhülfe jeder Beschwerde selbst die Initiative zu ergreifen. Ich meine natür=lich nicht, daß wir sofort jede Arznei hinunter=schlucken sollen, die uns irgend eine freundliche Stimme aus dem Publicum verordnen will, als da sind Abschaffung der akademischen Gerichtsbarkeit, neue Befugnisse der außerordentlichen Professoren, stehende Remuneration der Privatdocenten, Besei=tigung der Curatorien, und was von ähnlichen Aeußerlichkeiten sonst genannt wird. Das Meiste davon würde den Zustand nicht bessern, sondern verschlechtern, Alles aber die wesentliche Frage, die Tüchtigkeit und Wirksamkeit des akademischen Unter=richtes, gar nicht berühren. Und eben über diese möchte ich mir einige Bemerkungen erlauben.

Wenn ich vor sechs Jahren die Unzulänglich=keit unserer Geldmittel und die damit zusammen=hängende Kürze der durchschnittlichen Studienzeit als die Hauptquelle der vorhandenen Mängel be=zeichnete, so waren mir auch damals anderweitige Uebelstände, die ich gleich näher bezeichnen werde, nicht unbekannt. Indessen es schien mir rathsam, im Interesse der praktischen Wirkung, die Aufmerk=

samkeit auf Einen wichtigen Punkt zu concentriren, und in der That sind dadurch wenigstens für unsere Bonner Hochschule sehr erfreuliche Ergebnisse erzielt worden. In demselben Sinne erlaube ich mir heute ein anderes Moment zu betonen, welches unmittelbar den Kern der Sache, die wichtigste Voraussetzung und die gesammte Richtung unseres Unterrichtsverfahrens betrifft, ich meine die wissenschaftliche Vorbereitung der bei uns eintretenden Studirenden, für welche wir selbst ja insofern mitverantwortlich sind, als wir unseren Vorschulen den größten Theil ihrer Lehrer liefern. Ich wage die Meinung zu äußern, daß hier die eigentliche Wurzel vieler uns neuerlich vorgeworfener Mängel liegt, indem ich sofort hinzusetze, daß gerade an dieser Stelle die Heilung deshalb nicht besonders schwierig erscheint, weil das Uebel, so viel ich sehe, nicht durch die Aufstellung falscher Grundsätze, sondern durch einseitige Ueberspannung und Verschiebung der richtigen Methode veranlaßt worden ist.

Von manchen Seiten wird mir nun hier sofort die Frage entgegengehalten werden: wie sollte eine ungenügende Vorbereitung so schlimme Folgen haben? es sei gerade umgekehrt, hören wir vielfach behaupten, ein schreiender Mißstand, daß die Universität überhaupt Vorbereitung, daß sie gestempelte Maturitätszeugnisse fordere, anstatt ihre Hallen

jedem Wißbegierigen zu erschließen und der Selbst=
bestimmung des Einzelnen zu überlassen, wie er
sich das Verständniß eröffnen wolle. Dieser zur
Zeit oft vernommene Satz ist ein Ausfluß jener
wohlgemeinten demokratisch = egalitären Stimmung,
welche alle Welt so rasch wie möglich zu den Seg=
nungen höherer Cultur hinführen möchte, dabei
aber nicht beachtet, daß mit jenem Schritte die ge=
priesene höhere Wissenschaftlichkeit aus dem Vor=
trage des Lehrers selbst verschwinden würde. Die
Wirkungen eines solchen Verfahrens zeigt uns Frank=
reich. Dort herrscht jene unbedingte Zugänglich=
keit der akademischen Hörsäle, und die Folge ist,
daß dort alle Sachkenner die Umgestaltung ihrer
Facultäten nach deutschem Muster begehren, und
noch vor wenigen Monaten ein höchst competenter
Urtheiler[1]) es öffentlich in Paris aussprach, außer
der Türkei sei Frankreich das einzige Land Europas,
welches Universitäten im eigentlichen Sinne des
Wortes nicht besitze.

Während die französischen Facultäten meistens
Fachschulen zur Einführung in einen praktischen Be=
ruf sein wollen, und umgekehrt die englische Hoch=
schule fast ausschließlich das allgemeine Bildungs=
streben des Gymnasiums fortsetzt; sucht die deutsche

1) Gabriel Monod im journal politique et littéraire.

Universität die eine und die andere Aufgabe durch organische Verbindung beider zu lösen. Ihre Statuten schreiben ihr durchgängig vor, daß sie tüchtige Beamte für Staat, Kirche und Schule heranbilden solle, und so erscheint sie äußerlich als ein Nebeneinander verschiedener höherer Fachschulen. Dann aber verschmilzt sie dieselben zu einer innern Einheit durch die gemeinsame wissenschaftliche Methode, indem sie die beste Vorbereitung zur künftigen Praxis in der Erziehung des Schülers zu selbstständiger wissenschaftlicher Arbeit findet. Aus diesem Grundgedanken folgt die ganze Gestaltung ihres Unterrichts, die akademische Lehr- und Lernfreiheit, die Ergänzung des Kathedervortrags durch seminaristische Arbeit, die Forderung gelehrter Productivität an die Professoren. Um gute Schule zu sein, setzt sich die Universität nicht bloß die Ueberlieferung fertiger Kenntnisse, sondern stete Verbindung von Forschung und Unterricht zur Aufgabe. Hält man diesen Standpunkt im Auge, so tritt vollends die Unerläßlichkeit einer bestimmt gearteten Vorbildung für unsere Commilitonen in helles Licht. Es handelt sich hier um die höchste unter allen Thätigkeiten des menschlichen Geistes, so weit dieselben überhaupt Gegenstand des Erlernens und nicht Geschenk des Genius sind. Es ist deutlich an sich selbst, daß die Einführung in dieselbe eine gewisse Gym-

naſtik des Geiſtes und eine ideale Richtung der
Seele voraussetzt. Es hieße den Grundcharakter
unſerer Univerſitäten zerſtören, wollte man auf dieſe
Forderung verzichten, und niemals iſt ein verkehr=
teres Wort geſprochen worden, als neulich in den
Miniſterialconferenzen [1]) über unſer höheres Schul=
weſen in der Behauptung des ſonſt ſo hervorragen=
den Dr. Paur, daß die Univerſitäten im Allgemeinen
ſich völlig indifferent gegen die höheren Schulen
verhielten. Genau das Umgekehrte iſt das Richtige.
Es gibt keine andere Frage, welche den Univerſitä=
ten weniger gleichgültig wäre, in welcher ſie ein
tiefer eingreifendes Lebensbedürfniß erblickten, als
gerade die wiſſenſchaftliche Vorbildung ihrer dereinſti=
gen Zöglinge. Sie haben den lebhaften Wunſch,
daß das letzte Wort des Gymnaſiums ſich unmittel=
bar an das erſte der Hochſchule anſchließe, daß der
Lehrplan beider Anſtalten ein Werk aus Einem
Guſſe ſei. Sie müſſen weiter erwarten, daß die
Vorbildung ihrer Studirenden nicht bloß eine mög=
lichſt gute, ſondern auch eine möglichſt gleichartige
ſei. Das ergibt ſich ſofort aus der inneren Einheit
der **universitas**, aus der Forderung ſteter Einwir=
kung der verſchiedenen Fächer auf einander, vor
Allem aber aus der Natur der erſchöpfenden wiſſen=

---

1) Protokolle derſelben S. 92.

schaftlichen Forschung, deren Verfahren die Studirenden sich aneignen sollen. Denn bei jedem Gegen-
stande bliebe diese Forschung unvollständig, wenn
sie mit einer einseitigen Fachbildung unternommen,
und dadurch die Verfolgung ihrer Aufgabe in das
Gebiet der Nachbarfächer verhindert würde. Soll
der akademische Unterricht gedeihen, so muß wenigstens die tonangebende Mehrheit unserer Zöglinge
die gleiche Vorbereitungsschule durchgemacht haben:
und fragt man dann weiter, welche Schule diesem
Zwecke am Besten entspricht, so haben darauf die
große Mehrheit der preußischen Facultäten, die
Provinzialschulcollegien und die wissenschaftlichen
Prüfungscommissionen einmüthig das Gymnasium
und nicht die Realschule bezeichnet. Ich will hier
nicht in den langwierigen Streit der beiderseitigen
Anstalten eintreten, sondern nur einen Grund her-
vorheben, der für sich allein nach meiner Auffassung
durchschlagend wäre. Liebig und Helmholz, und
neuerlich wieder Lothar Meyer[1]), Professor der
Chemie am Karlsruher Polytechnicum, haben es
ausgesprochen, daß die früheren Gymnasiasten durchgängig eine größere Neigung zu activer Theilnahme
an wissenschaftlicher Arbeit, die meisten Realschüler
dagegen bei vielen schätzbaren Kenntnissen einen

---

1) Die Zukunft der deutschen Hochschulen, S. 33.

ausgesprochenen Hang zu passiver Receptivität be=
funden, und einer der eifrigsten Vertheidiger der
Ansprüche der Realschulen, Director Gallenkamp,
hat in den erwähnten Conferenzen diese Thatsache
ohne Weiteres anerkannt[1]). Wie mir scheint, braucht
man diese Sätze nur auszusprechen, um auf die
Frage, wo die bessere Vorbildung für die Univer=
sität zu finden sei, die schlechthin entscheidende Ant=
wort zu haben. Das Wesen und der Vorzug un=
serer Universitäten besteht darin, active und nicht
bloß receptive Schüler zu haben, und einzig die
Vorbereitungsschulen sind für sie brauchbar, welche
in diesem Sinne auf ihre Zöglinge einwirken.

Entscheidet man sich nach diesen Betrachtungen
für das Gymnasium als die regelmäßige Vorstufe
der Universität, so wird selbstredend die Forderung
um so dringender, daß dasselbe die hierin bezeich=
nete Aufgabe in der Praxis auch wirklich löse. Es
ist dann um so mehr eine Lebensfrage für unsere
nationale Cultur, daß die von Außen her einwir=
kenden Hindernisse möglichst bald und gründlich be=
seitigt werden. Dahin ist zunächst der hierarchische
und confessionelle Druck zu rechnen, der unsere Gym=
nasien dreißig Jahre lang belastet hat, und ohne
Zweifel der Hauptgrund für die seit dem Tode des

---

1) Protokolle S. 99.

Ministers Altenstein gemachten Rückschritte gewesen ist. Glücklicher Weise haben wir alle Aussicht, daß die unter Friedrich Wilhelm III. herrschenden Grund=sätze auf diesem Gebiete erneuerte und erweiterte Wirksamkeit gewinnen werden. Sodann ist die ge=waltige Ueberfüllung der niederen und mittleren Gymnasialclassen zu erwähnen, wesentlich veranlaßt durch das Streben, in Untersecunda die Befähigung zum einjährigen Militärdienst zu erwerben, und dann die Schule zu verlassen. Es waren im Jahre 1861 bereits 85 Procent der Schüler, die das eigent=liche Bildungsziel des Gymnasiums nicht verfolgten, immer aber die Kräfte des Lehrers in Anspruch nahmen, und als wenig strebsame Masse wie ein Bleigewicht das Niveau der Schule herunter drück=ten. Es ist dringend erforderlich, für diese zahl=reiche Species von Aspiranten besondere Mittelschu=len zu schaffen, und dadurch dem Gymnasium Luft zu machen. Immer aber wollen wir hoffen, daß ein anderer durch diese Verhältnisse hervorgerufener Antrag trotz seiner Humanität und Volksfreundlich=keit für alle Zeiten frommer Wunsch bleibt: ich meine die neuerlich von Professor Laas wiederholte Forderung, das Gymnasium müßte nicht bloß als Vorbereitung für die Universität eingerichtet werden, sondern zugleich eine in sich fertige und für das Leben ausreichende Bildung denjenigen liefern, welche

4

die Universitäten nicht · besuchen könnten. Das praktische Ergebniß wäre natürlich ein Haufe nütz= licher Kenntnisse aller Art, mit welchen der Lehr= stoff des Gymnasiums erweitert würde, während schon der jetzige eine Maximalbelaſtung der jungen Köpfe zeigt, und mit gutem Grunde von allen Sei= ten auf Erleichterung gedrungen wird. Der begehrte Nebenzweck würde also nur auf Kosten der Hauptsache erreichbar, und wieder ein Beispiel der Verflachung durch übertriebene Verbreiterung geliefert sein.

Eine andere Frage ist es, ob nicht gerade für die Erzielung der Hauptsache, der formalen Bildung zum Eintritt in das akademische Leben, Modifica= tionen im Lehrplane der Gymnasien wünschens= werth seien. Nachdem ich die in den Ministerialcon= ferenzen vorgekommenen Aeußerungen mit größter Aufmerksamkeit durchgegangen bin, möchte ich hier nur einige besonders wichtige Gesichtspunkte betonen. Die akademischen Lehrer der Mathematik sind durch= gängig nicht gerade entzückt von den Ergebnissen des mathematischen Unterrichts auf den Gymnasien, wohl aber geneigt, die vorkommenden Mängel auf zufällige, locale oder persönliche Gründe zurückzuführen, und erkennen im Allgemeinen bei den Gymnasiasten ein größeres Geschick zur mathematischen Arbeit als bei den Realschülern an. Bei den Vertretern der Na= turwissenschaften aber ist die Klage allgemein, daß den

meiſten Gymnaſiaſten die Uebung in der ſinnlichen
Wahrnehmung, in der genauen Auffaſſung der Dinge
und Erſcheinungen, und folglich auch in der Verar=
beitung jener Wahrnehmungen und in der Erkennt=
niß des beſtimmenden Cauſalnexus fehle. Die hier
vermißte Fähigkeit iſt ohne Zweifel ein ebenſo wich=
tiges Moment der allgemeinen Bildung wie Ge=
lenkigkeit des Denkens und gebildeter Geſchmack, und
demnach die Ausfüllung dieſer Lücke des Gymnaſial=
unterrichtes zu erſtreben. Es würde dies mit einer ge=
ringen Vermehrung der jenen Fächern gewidmeten
Stundenzahl möglich ſein, ſo daß Mathematik und
Naturkunde in jeder Claſſe etwa acht wöchentliche
Stunden erhielten. Um dies ohne Mehrbelaſtung
der Schüler zu erlangen, müßte allerdings das La=
tein überall auf acht, in den oberen Claſſen Deutſch
und Geſchichte auf je zwei Stunden beſchränkt wer=
den. Würde daraus eine Schädigung der humani=
ſtiſchen Studien zu beſorgen ſein? Was die Ge=
ſchichte betrifft, ſo bin ich gerade als Hiſtoriker von
der Ueberzeugung durchdrungen, daß eine ſolche
Beſchränkung eher vortheilhaft als nachtheilig ſein
würde. Gerade hier liegt in den Oberclaſſen die
Verſuchung nahe, weſentlich akademiſche Vorträge
in das Gymnaſium einzuſchleppen, alſo in den vor=
her gerügten Fehler zu verfallen, und anſtatt gut
vorbereiteter und lernbegieriger Studenten vollen=

bete Männer und gebildete Patrioten liefern zu
wollen. Ist doch erst kürzlich wieder der An=
spruch erhoben worden, der Geschichtsunterricht des
Gymnasiums solle den Zweck verfolgen, der Jugend
die Gegenwart als Ergebniß der Vergangenheit er=
kennen zu lehren. Ich bekenne nicht zu wissen, ob
diese, wenn nicht höchste, jedenfalls aber schwerste
Aufgabe des historischen Wissens auf der Universi=
tät vollständig gelöst werden kann; sie für Secunda
und Prima vorzuschlagen, erscheint mir ganz so ver=
ständig, wie in Sexta Machiavell's Principe oder
in Quinta Hegel's Geschichtsphilosophie zu tractiren.

Die Hauptsache aber, wie sich versteht, wird
immer das Wissen und Können in den beiden alten
Sprachen, und in Folge dessen in der Muttersprache
bleiben, und gerade hier, es ist traurig es auszupre=
chen zu müssen, zeigt sich ein fort und fort wach=
sendes Deficit. Die Gymnasien selbst bezeugen es
durch den unermüdlichen, ernsten Eifer, mit dem in
Conferenzen, Versammlungen und Druckschriften die
Frage der Gymnasialreform besprochen wird. Die
akademischen Lehrer und Behörden, welche die Abi=
turienten empfangen, wissen davon zu erzählen, und
die Folgen machen sich empfindlich fühlbar noch bei
den Doctorprüfungen der Facultäten und den Staats=
examen der wissenschaftlichen Prüfungscommissionen.
Ich habe den kläglichen Zustand schon mehrmals

zur Sprache gebracht, in öffentlichen Versammlun=
gen und Druckschriften; ich habe wiederholt Berichte
unserer Prüfungscommission an das Ministerium
darüber veranlaßt, unter lebhafter Zustimmung
gerade meiner philologischen Collegen, und halte es
für die wichtigste Pflicht gegen Vaterland und Cul=
tur, unaufhörlich darauf zurückzukommen, da es sich
hier um die Quelle der höheren Bildung für unsere
gesammte Jugend handelt. Wo liegt die Ursache
des Uebels? Ich will meine Ansicht offen aussprechen,
obgleich ich nicht Philologe bin, indem ich vor Allem
meine verehrten philologischen Freunde bitte, in
meinen Erörterungen weniger selbstgewisse Urtheile,
als lernbegierige Fragen zu sehn. Auch denke ich
nicht viel zu sagen, wo ich mich nicht bereits auf
zustimmende Ausführungen competenter Fachmänner
stützen könnte. Was insbesondere die Gymnasien
betrifft, so freue ich mich des Anlasses, hier die
neueste Schrift des trefflichen Rector Portensis,
Consistorialrath Peter [1]), mit lebhaftem Danke zu
erwähnen, mit dem Danke, den wir fühlen, wenn
eigne, langjährige Wahrnehmungen durch einen er=
probten Kenner bestätigt, in ursächlichem Zusammen=
hange erläutert, plötzlich in hellem wissenschaftlichem

---

1) Ein Vorschlag zur Reform unserer Gymnasien.
Jena 1874.

Lichte uns vor das Auge gestellt werden. Das kleine Buch verbindet volle wissenschaftliche Reife mit bewährtem praktischen Verstande, beiläufig gesagt, auch seine Vorschläge über den Geschichtsunterricht der Gymnasien sind einsichtig in jeder Beziehung. Bekanntlich erwarten wir von dem Gymnasial= unterrichte in den alten Sprachen ein Doppeltes, zunächst Schulung des Geistes, da Wort= und Satzformen an sich selbst auch Denkformen sind, und folglich das Studium der Grammatik und Stylistik jener darin so reich entwickelten Idiome dem Denken des Schülers nach allen Richtungen hin weiteren Umfang und freiere Gelenkigkeit verleiht, sodann die Einführung in die Lectüre der antiken Schriftsteller und damit in den sittlich=ästheti= schen Gehalt des Alterthums, der wie nichts anderes geeignet ist, durch die Entfaltung eines reinen Schönheitssinnes der Jugend die Richtung auf ideale Begeisterung zu geben. Nun zeigt sich zunächst, daß die Verfolgung der ersten Aufgabe die der zwei= ten in hohem Maaße überwuchert hat. Neun Jahre hindurch arbeitet der Schüler an der lateinischen Sprache, wöchentlich zehn Stunden in der Classe und mindestens sechs zu Hause, und fragt man, was r schließlich gelesen, so sind es kleine Bruchstücke aus etwa acht Autoren, von welchen einer ein ge= waltiger Geist aber auch ein gewaltiger Manierist,

zwei aber litterarisch völlig werthlos sind — und
ganz ähnlich verhält es sich im Griechischen. Da=
mit allein ist bereits die Unmöglichkeit ausgespro=
chen, trotz aller Grammatik, aller Scripta und Ex=
temporalien, daß er einen Einblick in die classische
Welt gethan, und weiter noch, daß er die Sprache
zum lebendigen, praktisch=brauchbaren Besitze gewon=
nen hätte: und Director Perthes constatirt denn
auch die Thatsache höchst unbefangen, „daß das
„Lateinische aufgehört hat, den Zöglingen höherer
„Schulen durch einen ausgedehnten mündlichen und
„schriftlichen Gebrauch und durch eine massenhafte
„Lectüre wie zur zweiten Muttersprache zu werden,
„ohne doch auf der andern Seite seinen Beruf zur
„Geistesgymnastik eingebüßt zu haben"[1]). Seit
Jahrzehnten nun wundert und bekümmert man sich
darüber, daß unsere jungen Männer, der Schul=
bank einmal entronnen, so äußerst selten wieder
einmal einen classischen Autor in die Hand nehmen.
In der That, es scheint mir, nicht Ein Grund, son=
dern zwei für einen liegen auf der Hand: man liest
die Classiker nicht mehr, weil man in den neun
Gymnasialjahren sie zu lesen nicht gelernt hat, und
dann weil man in jenen neun Jahren wohl vom

---

1) H. Perthes, zur Reform des lateinischen Unterrichts.
Berlin 1873, S. 91.

Lehrer gehört, aber nie mit eignen Augen gesehen
habe, welche Fülle von Belehrung, Erhebung und
auch Ergötzung in diesen alten Büchern angehäuft
ist. So fehlt sowohl Antrieb als Fähigkeit zu einer
erquicklichen Lectüre: wie sollte man danach greifen?
Zum Ersatz ist nun das Mögliche versucht wor=
den, um das Studium der Grammatik durch wissen=
schaftliche Vertiefung vom ersten Tage der Sexta
an als Mittel der Geistesgymnastik zu vervollkomm=
nen. Wenn vor einiger Zeit einmal das „ſpie=
lende Erlernen" Mode war, ſo iſt jetzt die „ra=
tionelle Methode" pädagogiſche Modeſache ge=
worden. Gewiß iſt zwiſchen beiden der große Un=
terſchied, daß jene von völlig falſchen Grundſätzen
ausging, und dieſe nach völlig richtigen Zielen hin=
strebt: aber auch das Allervortrefflichſte wird ſchäd=
lich, wenn es an unrichtigem Platze verwandt wird.
Man iſt jetzt ſtolz darauf, den Knaben auf Grund
der Sprachgeſchichte und der Sprachvergleichung die
Entſtehung jeder grammatiſchen Form und Regel
begrifflich klar zu machen, dadurch die leidigen Aus=
nahmen und Unregelmäßigkeiten zu beſeitigen, und
den reinen Begriff der auch in der Sprache wal=
tenden Geſetzmäßigkeit den jugendlichen Gemüthern
zur Erſcheinung zu bringen. Mit nicht geringerem
Selbſtgefühl gebraucht man ſogleich in den untern
Claſſen das inductive Verfahren; man gibt dem

Knaben nicht die Regel, sondern läßt sie ihn aus den kleinen Lesestücken selbst herausbilden; er lernt sie nicht eigentlich auswendig, sondern erschließt sie in jedem vorkommenden Falle immer von Neuem. Peter hat nun in höchster Anschaulichkeit entwickelt, wie ein solches Verfahren, vortrefflich bei dem ge= reifteren Jüngling, der Natur des Knabenalters und ebenso den Erfordernissen des sprachlichen Elemen= tarunterrichtes geradezu widerspricht. Jede Wissen= schaft fordert zu ihrem gedeihlichen Betriebe, daß gewisse Elemente dem Geiste unbedingt zu Eigen gemacht und dann mit unbewußter Fertigkeit wei= ter gebraucht werden. Diese ersten Schritte also sind wesentlich Sache des Gedächtnisses, und so ist es ein Glück, daß die Natur selbst dafür das Nöthige vorgekehrt hat. Bis etwa zum 14. Jahre hat der Knabe noch den vollen Durst des kindlichen Ge= dächtnisses, während der Trieb zu Urtheilen und Schlüssen noch ungeweckt in der Seele ruht. Es ist also völlig natur= und sachgemäß, auf dieser Stufe allerdings einzelne Anregungen der Urtheils= kraft zu geben — wie es ja neben der Grammatik der geometrische Unterricht thut — das Hauptge= wicht aber auf das einfache Aneignen des Lern= stoffes zu legen, und die Frage nach dem Warum auf die kommende für die Antwort befähigte Lebens= periode zurückzuschieben. Es ist mit dem Wissen wie

mit der Disciplin; der Quartaner soll nicht „rai=
sonniren", sondern gehorchen und lernen; es ist nur
erforderlich, daß man ihm das Richtige befehle und
lehre, und ganz von selbst wird ihn die Kenntniß
auch zum Urtheil führen. Vor Allem aber ist nie
zu vergessen, daß er die fremde Sprache lernt, um
überhaupt gut sprechen und dadurch gut denken zu
lernen. Also in der Grammatik die möglichst ein=
fachen und übersichtlichen Lehrformen, keine syste=
matische Entwicklung, sondern Herausgreifen der zum
Lesen und Verstehen unerläßlichen Lehrstücke, und
dann vorwärts zum Lesen, Schreiben und Sprechen.
Daß das Lateinische uns nicht gleich wieder zur
zweiten Muttersprache werde, dafür ist auf lange
hin gesorgt, genug wenn es unserer Jugend nur
überhaupt erst wieder Sprache und nicht bloß Ob=
ject der Sprachwissenschaft wird. Erst wenn dies
in den untern Classen geleistet ist, kann in den
obern eine eigentlich wissenschaftliche Behandlung
fruchtbar und für die geistige Gymnastik ergiebig
werden. Wir begehren von der Grammatik doch
etwas Anderes als von der Mathematik. Diese
erzieht den Geist durch die Bündigkeit des Schluß=
verfahrens, durch die stete Anschauung von der Un=
zerreißbarkeit des Causalnexus. Das kann die Gram=
matik nur, wenn sie Linguistik wird und die histo=
rische Entwicklung eines ganzen Sprachenkreises

überblickt, und auch dann erstreckt sich die absolute
Gesetzmäßigkeit nur auf die Formenlehre, während
in der Syntax sich unaufhörlich die freie Regung
des individuellen Geistes fühlbar macht. Die Gram=
matik hat aber andere Verdienste für die geistige
Erziehung: ihre wesentliche Aufgabe besteht darin,
daß sie den Schüler für jede Vorstellung und jede
Seelenstimmung bis in die kleinsten Schattirun=
gen hinein den genau zutreffenden Ausdruck finden
lehrt, und ihn dadurch sowohl zur Klarheit und
Bestimmtheit, als zur Combination und Weiterent=
wicklung der Vorstellungen befähigt. Nun ist es,
meine ich, höchst einleuchtend, daß dieser Proceß
nimmermehr zu voller Wirksamkeit gelangen kann,
wenn nicht die Sprache, in welcher er geübt wird,
bis zu einem gewissen Grade dem Schüler geläufig
und lebendig geworden ist, wenn nicht grammati=
sches Studium und praktische Uebung der Sprache
Hand in Hand geht.

Eine jede Sprache läßt sich von verschiedenen
Gesichtspunkten aus auffassen. Man kann erfahren,
wie sie aus dem menschlichen Geiste entsteht;
man kann untersuchen, wie sich der menschliche Geist
ihrer bedient. Man kann sie betrachten als ein
organisches Naturerzeugniß, und dann ihren ganzen
Entwicklungsproceß studiren. Oder man kann sie
ergreifen in einem gegebenen Momente dieser Ent=

wicklung, sie dann als fertiges Kunstwerk studiren, und ihre Einwirkung auf den menschlichen Geist erproben. Bei dem Zwecke des Gymnasiums handelt es sich offenbar nur um diese zweite Auffassungs= weise, die erste ist durchaus dem gelehrten Studium der Universität zu reserviren, was nicht ausschließt, daß einzelne Hinweisungen nach dieser Seite in Prima ebenso ersprießlich sein können, wie einzelne inductive Anregungen in Quarta und Tertia. Im Allgemeinen aber ist darauf zu bestehn, daß die le= bendige und wirksame Aneignung der ciceronianischen und demosthenischen Sprache ein völlig ausreichendes Pensum für das Gymnasium ist, mag man nun auf die Schwierigkeit oder auf den Werth der Er= rungenschaft sehn, und daß also das Gymnasium von Allem, was historische und vergleichende Sprach= wissenschaft heißt, durchaus zu entlasten ist. Die Kenntniß der fremden Sprache ist für das Gym= nasium nicht Selbstzweck, sondern Bildungsmittel; der Schüler lernt Lateinisch und Griechisch, theils um dem Geiste der Antike in das Auge zu sehen, theils um gutes Deutsch zu sprechen und zu schrei= ben. Jene Zuthaten der modernen Methode helfen weder zum einen noch zum andern; im Gegentheil sie entziehen dem Schüler Zeit und Kraft zu beidem. Nach diesen Erwägungen werden wir uns nicht mehr wundern, wenn wir den größten Theil der

zur Universität kommenden Abiturienten heute außer
Stande finden, einen leichten lateinischen Autor ohne
Schwierigkeit, einen griechischen ohne Grammatik
und Wörterbuch zu lesen, wenn wir bei einer an=
sehnlichen Zahl die Erfahrung machen, daß sie
einen ungeschickten deutschen Styl haben, ja bei
manchen, daß sie ihre Muttersprache nicht gramma=
tisch correct zu schreiben verstehn. Leider setzen sich
nun auf mehr als einer Universität bei der Ausbil=
dung der künftigen Gymnasial l e h r e r ganz ähn=
liche Mißverständnisse und Uebertreibungen der
richtigen Grundsätze fort, wie wir dergleichen eben
bei der Erziehung der Gymnasial s c h ü l e r wirksam
fanden. Es ist, bemerkten wir, der unschätzbare
Vorzug des akademischen Unterrichts, daß er zu
jedem künftigen Beruf die beste Vorschule in der
Anleitung zu selbstständiger wissenschaftlicher Arbeit
findet. An diesem Grundgedanken zu rütteln, kann
niemand weniger als uns in den Sinn kommen.
Aber ebenso kategorisch ergeht doch an uns auch die
Forderung, diese selbstständige gelehrte Arbeit in
der Weise zu lenken, daß sie für den praktischen
Zweck, für den künftigen Lebensberuf des Studiren=
den möglichst ersprießlich sei. Man würde den Lehrer
für einen Thoren erklären, welcher dem künftigen Arzte
sagte: treibe nur gründliche und methodische For=
schung gleichviel ob in der Chemie oder in der Pan=

decten und der Dogmatik: haft du dich in strenger
wissenschaftlicher Arbeit geübt, wo es auch sein mag,
so hat dein Geist die Kraft zu medicinischer Praxis
gewonnen. Nicht viel besser aber ergeht es auf vie=
len Universitäten dem künftigen Gymnasiallehrer.
Er wird geschult in philologischer Methode: das ist
vortrefflich und unerläßlich. Nun kann man aber
eine solche Schulung an jedem philologischen Stoffe
ohne Ausnahme durchführen, und man sollte den=
ken, es würden mit planmäßiger Sorge stets dieje=
nigen Arbeitsstoffe proponirt werden, welche zugleich
durch ihren Inhalt fruchtbar und förderlich für die
künftige Thätigkeit des Gymnasiallehrers wären.
Es müßte, scheint es, zunächst darauf gesehen wer=
den, daß er wenigstens auf der Universität erhielte,
was er gesetzlich auf der Schule gewonnen haben
sollte, thatsächlich aber bei Weitem nicht erlangt
hat, lebendigen Besitz und praktische Beherrschung
der alten Sprachen. Es müßten seine Aufgaben
ferner so gewählt werden, daß er jetzt empfinge,
was später weiter zu überliefern seine wichtigste
Pflicht sein wird, eingehende Kenntniß der antiken
Welt. Zur Erreichung beider Ziele müßte er end=
lich zu einer umfassenden Lectüre aller bedeutenden
und geistig ergiebigen Autoren der beiden Littera=
turen angetrieben werden. Das Alles könnte ge=
schehen, ohne irgend eine Schädigung des strengsten

methodischen Studiums, denn, wie gesagt, erschö=
pfende selbstständige Forschung läßt sich an jedem
Stoffe üben. Es könnte geschehen, ohne die Wirk=
samkeit des Seminars irgendwie qualitativ herab=
zudrücken, oder als bloße Fortsetzung der Gymna=
sialarbeit erscheinen zu lassen; denn methodische und
kritische Forschung kommt auf dem Gymnasium
niemals zur Anwendung, oder soll es wenigstens
nicht, während sie hier das Ziel jeder Thätigkeit
sein und bleiben soll. Aber nur in zu vielen Fäl=
len wird dieser normale Zustand durch ein unglück=
liches Quid pro quo verschoben. Nicht bloß ein
gründlicher Arbeiter, sondern ein productiver Ge=
lehrter soll geliefert werden. Wenn nicht in dem
ausgesprochenen Programme, jedenfalls aber in der
hergebrachten Praxis vieler philologischer Semina=
rien steht die Forderung, daß der Studirende seine
wissenschaftliche Bildung durch literarische Leistung
bethätige. So sucht er sich einen Arbeitsstoff, mit
dem, wie man zu sagen pflegt, noch etwas zu
machen ist, gewöhnlich also irgend einen unbedeuten=
den und deßhalb wenig beachteten Schriftsteller, und
wendet einen großen Theil seiner akademischen Thä=
tigkeit auf dessen kritische Behandlung. So übt er
sich in der Methode, lernt sonst aber nichts für
ihn weiter Brauchbares. Und da die ächte Me=
thode nicht bloß Kenntniß des speciellen Arbeits=

punktes sondern auch seiner weiteren Umgebung, da
die philologische Kritik vor Allem den Vollbesitz
der betreffenden Sprache voraussetzt, so bleiben
schließlich die meisten dieser Uebungen auch in Be=
zug auf die Methode an der äußern Schaale hän=
gen. Ein pädagogischer Uebelstand kommt hinzu.
Je früher diese jungen Männer angewiesen werden,
sich als schaffende Schriftsteller zu fühlen und zu
geriren, desto leichter verbergen sie sich die Schmal=
heit ihres Wissens und die tiefe Nothwendigkeit
weiteren Lernens. Ich kenne nichts Verkehrteres,
als die jetzt immer zahlreicher werdenden Veröffent=
lichungen akademischer Seminararbeiten unter dem
Schutze des berühmten Namens ihres Directors.
Wenn einzelne derselben wirklich so beschaffen sind,
daß die Herausgabe dem Interesse des Publikums
nicht geradezu widerspricht, so sollte doch im In=
teresse des jungen Autors die Regel des nonum
prematur in annum mit doppelter Strenge durch=
geführt werden. Fast nicht minder bedenklich er=
scheint mir sodann die wuchtige Breite, mit der
sich auf mehreren Universitäten die vergleichende
Sprachkunde in die philologischen Seminarien
drängt. Es ist eine der aussichtsreichsten Discipli=
nen unserer Gegenwart, die allerdings nach dem
einstimmigen Zeugniß der Sachverständigen erst in
den Anfängen ihrer Entwicklung steht. Unvertreten

sollte sie auf keiner Universität sein, und kein Philologe sollte seine akademische Lehrzeit schließen, ohne einen Einblick in ihr Wirken genommen zu haben. Aber der künftige Gymnasiallehrer sollte nach dieser Seite auch nicht einen Schritt weiter thun. Er hat der Arbeit, und insbesondere der seminaristischen Arbeit in Fülle vor sich, die für seine spätere Lehrthätigkeit unerläßlich ist. Wenn er sich hier auf sprachvergleichende Forschung einläßt, so ist das — ich weiß es nicht anders zu bezeichnen — lediglich Zeitverderb. Die alten Sprachen sind und bleiben das beste Bildungsmittel für unsere Jugend; die Linguistik aber hat mit diesem Zwecke gar nichts zu thun. Durch die Einordnung eines Vertreters dieses Faches in jede wissenschaftliche Prüfungscommission, wie sie jetzt von hervorragender Stelle beantragt ist, würde man den Ruin unserer Gymnasien besiegeln, und damit auch den akademischen Studien ihre wesentliche Grundlage entziehn.

Wir sehen also hier am Schlusse, wie in jedem Theile unserer Betrachtungen: die neue Zeit ist wie für ganz Deutschland und Europa, so auch für unsere Universitäten eine Zeit, nicht der ruhigen Sammlung auf fest anerkannten Grundlagen, sondern der unabläffigen Bewegung und des allseitigen Kampfes. Für die gelehrte Productivität ist das kein günstiges Verhältniß, denn die höchsten Leistungen des wissenschaftlichen Genius entstehen nur in einsamer Vertiefung und befruchtender Ruhe. Wir aber finden uns hinausgestellt mitten in das Getümmel einer streiterfüllten Oeffentlich= keit; auf allen Punkten wird unser Dasein durch den bald treibenden bald widrigen Wellenschlag des nationalen Lebens getroffen. Glücklicher Weise birgt diese Lage selbst auch wieder reiche Entschä= digung für die verlorene Stille in ihrem Schooße. Die stete und thätige Theilnahme an den natio= nalen Angelegenheiten, zu der wir heute schon durch die Pflicht der Selbsterhaltung gezwungen sind, nöthigt uns, die gelehrte Aufgabe überall im Sinne des nationalen Gemeinwohls zu erfassen, und wäh= rend sie uns vielfache Zersplitterung der Zeit, der Kraft, des Interesses auferlegt, reißt sie uns aus dem Dunkel selbstischer Isolirung hinaus, und stärkt die sittliche Grundlage unseres Thuns durch den engen Anschluß an alle vaterländischen Fragen und Sorgen. Und endlich, wenn wir in jeder Einzeln= heit unserer akademischen Organisation durch den fortdauernden Wechsel der öffentlichen Zustände zu ewigem Nachbessern, Aendern, Kämpfen und Refor= miren genöthigt sind, so haben wir vor Unzähligen den unschätzbaren Vorzug voraus, daß unter uns über die Grundlagen und Ziele unserer Bestrebun=

gen kein Zweifel ist. Das Bild der deutschen Uni=
versität, wie es 1810 in Preußen zuerst entworfen
worden, steht auch heute in leuchtender Klarheit
und Unerschütterlichkeit vor unsern Augen, und der
Entschluß, keinen wesentlichen Zug desselben entstel=
len und verwischen zu lassen, ist die beste Feier,
mit welcher wir den heutigen Gedenktag König
Friedrich Wilhelm III. begehn können.